Titres Qui Vendent:
Dans 47 Minutes Vous Ecrirez Des Titres Facebook, Adwords, Blog, Page De Vente, Email Comme Un Pro Du Copywriting!

TABLE DES MATIÈRES

INTRODUCTION

Bravo pour votre décision d'acquérir cette méthode. Vous faites maintenant partie d'une minorité de personnes qui vont réellement savoir écrire des titres qui vendent vraiment.

Savoir écrire un titre est probablement la compétence marketing la plus importante que vous puissiez connaître (nous verrons pourquoi dans le module 1), et cette compétence à elle seule va vous permettre de démultiplier vos ventes sur vos pages de ventes, vos captures d'adresses email sur vos squeeze pages, vos taux de clics sur vos publicités Facebook ou Adwords, les taux d'ouvertures de vos emails, l'engagement de vos visiteurs sur vos articles de blog et plein d'autres choses encore.

Et le meilleur de tout, c'est que vous allez vraiment pouvoir acquérir les compétences d'un copywriter professionnel en seulement 47 minutes (environ), le temps que vous terminiez la lecture de cette méthode.

Voici donc le programme pas-à-pas en trois modules de toutes les compétences incroyables que vous allez acquérir en un temps record, et que vous pourrez utiliser immédiatement après pour obtenir des résultats qui vont certainement vous bluffer:

Module #1
A la fin de ce module, vous saurez exactement pourquoi avoir un bon titre est ce qu'il y a probablement de plus important en marketing et comment changer un simple titre peut vous permettre immédiatement de tripler vos ventes, voire plus. Vous verrez également tous les endroits

où vous pouvez utiliser des titres (dont certains risquent de vous surprendre), et la seule chose que votre titre doit faire absolument.

Module #2
Dès la fin du deuxième module, vous connaîtrez les huit meilleurs types de titres qui vont vous permettre d'accroître tout de suite vos conversions et clore beaucoup plus de ventes. Vous découvrirez également la technique exclusive de l'empilage (dont vous n'avez certainement jamais entendu parler avant) qui va vous permettre en quelques secondes de démultiplier le pouvoir d'un titre. Vous allez aussi connaître les deux endroits les plus importants dans un titre, la bonne taille de caractères et les couleurs qui donnent le plus de résultats dans vos titres (et celles à éviter à tout prix).

Module #3
A la fin du troisième module, vous connaîtrez la formule en cinq étapes du copywriter d'élite qui va vous permettre de fabriquer des titres puissants en quelques secondes et qui vont vous rapporter (très) gros. Vous verrez également comment renforcer les titres faibles que vous avez actuellement pour en faire des titres gagnants.

Bonus
Comme si ce n'était pas suffisant, vous aurez également un bonus regroupant 101 modèles de titres ayant obtenu des taux de conversion record au fil des années, et que vous pouvez utiliser immédiatement pour créer en une fraction de secondes un titre totalement adapté à votre produit et à votre niche.

Dès la fin de cet ouvrage, vous allez donc savoir écrire des titres aussi bien (voire mieux) qu'un copywriter professionnel. Vous pourrez par vous-même constater les améliorations spectaculaires dans tous les domaines où vous utilisez actuellement des titres: augmentation de vos ventes, de vos inscrits, de la durée que les gens restent sur votre site web etc. Vous pourrez même, si le coeur vous en dit, vous positionner comme consultant pour améliorer ou créer des titres qui vendent pour d'autres personnes n'étant pas dotées de cette méthode.

Il est maintenant temps de rentrer dans le vif du sujet, et d'aborder tout de suite le module 1.

MODULE #1: LA COMPÉTENCE MARKETING LA PLUS PRÉCIEUSE?

A la fin de ce module, vous allez savoir pourquoi bien écrire un titre est probablement la compétence marketing la plus précieuse et à coup sûr la compétence d'écriture ayant le plus de valeur. Vous connaîtrez également tous les endroits (parfois étonnants) où les titres comptent, et vous saurez quel est le seul et unique but qu'un titre doit avoir.

Comprendre l'impact d'avoir un bon titre est fondamental pour le succès de votre business (ventes, opt-ins, nombre de clics, etc.), car ça va vous ouvrir les yeux (si ce n'est pas encore le cas) sur l'importance de porter une attention beaucoup plus grande à travailler sur la qualité du titre que sur vos autres activités marketing.

En effet, beaucoup trop de gens qui ne sont pas conscients de l'importance de leur titre survolent sa rédaction. Du coup, ils passent souvent un temps fou à tester plein de variables futiles qui ne changent que sensiblement leurs résultats comme la couleur ou la taille d'un bouton d'achat, le positionnement d'un texte, mettre tel paragraphe avant un autre etc. Ceci résulte au final à une perte conséquente en ventes non réalisées et en argent en payant pour des publicités non efficaces.

De plus, vous allez prendre conscience qu'il y a certainement bien plus d'endroits que vous ne le pensez où les titres comptent et vous permettrons d'améliorer vos résultats par rapport à maintenant, où vous n'y faisiez pas attention.

Enfin, vous comprendrez que le but premier d'un titre n'est pas, comme la grande majorité des gens pensent, de vendre le produit. Ceci vous permettra d'aborder la réalisation de vos titres d'une manière différente de ceux qui ne savent pas son but premier.

Pourquoi Les Titres Sont-Ils Si Importants

Vous me direz peut-être que pour vendre sur Internet efficacement, ce qui compte bien plus qu'un titre c'est d'avoir la bonne offre ou de savoir écrire une lettre de vente qui a une belle allure et ainsi de suite.

Le problème est que même si tout est parfait et optimisé aux petits oignons mais que vous n'avez pas un titre accrocheur qui capte immédiatement l'attention, tout le reste ne servira absolument à rien.

La preuve en est donnée par plusieurs grands copywriters et experts en marketing.

Le premier est David Ogilvy, qui a déclaré dans son livre *Ogilvy on advertising*:

"En moyenne, il y a cinq fois plus de personnes qui lisent les titres que le contenu de la lettre de vente".

Il a également affirmé:

"A moins que votre titre ne vende votre produit, vous avez gaspillé 90% de votre argent."

David Ogilvy savait de quoi il parlait, et c'est d'ailleurs lui qui a permis, avec un simple titre dans une publicité, de tripler les ventes d'une Rolls Royce.

Voici la publicité en question:

"At 60 miles an hour the loudest noise in this new Rolls-Royce comes from the electric clock"

What makes Rolls-Royce the best car in the world? "There is really no magic about it—
it is merely patient attention to detail," says an eminent Rolls-Royce engineer.

Traduction du titre:

"A 60 miles à l'heure le plus grand bruit dans cette nouvelle Rolls-Royce provient de l'horloge électrique."

John Caples qui était une autorité mondiale sur le test des lettres de vente a insisté sur l'impact que le titre a sur les décisions d'achat:

"75% des décisions d'achat sont faites par le titre seul."

Pour aller plus loin, on peut même dire que 100% des décisions de lire la suite sont faites par le titre seul. Si le titre est nul, les gens ne liront pas la suite, ou ne feront pas d'action pour en savoir plus.

C'est d'autant plus vrai que 55% des visiteurs passent moins de 15 secondes sur votre site web d'après l'étude faite par le site Hubspot, ce qui accentue encore davantage l'importance d'avoir un titre qui cartonne pour les captiver immédiatement avant qu'ils ne repartent dans la nature.

A Quels Endroits Les Titres Sont-Ils Importants

Un premier endroit où les titres comptent est tout simplement dans toutes vos publicités et promotions.

Le titre compte dans TOUTES vos publicités.

Qu'il s'agisse des publicités que vous faites sur Facebook, ou sur les réseaux PPC (Pay-per-clic) tels que Adwords ou Microsoft Ad Center, c'est votre titre qui va compter et qui va donner envie ou non d'en savoir plus (même si l'image que vous choisissez a également un impact important dans le cas des publicités Facebook, cet impact est souvent fortement diminué si vous avez un titre faible, ce qui est vraiment dommage si votre image est de qualité).

De la même manière, le titre est fondamental dans les emails que vous envoyez à votre liste d'inscrits ou lorsque vous achetez une solo ad (un email de promotion qui va être envoyé en échange d'argent à une liste de personnes intéressées dans votre niche). Si le titre est nul, personne n'ouvrira l'email et donc le contenu de l'email et les liens que vous y mettez ne servent à rien.

Votre titre est également important sur les autres réseaux sociaux et en particulier Twitter, qui mise tout sur des informations ne dépassant pas 140 caractères.

Enfin, le titre compte sur toutes vos publicités offline, c'est-à-dire hors Internet. Par exemple dans toutes les campagnes de direct mail (des courriers de publicité envoyés en version papier) ou de classified ads (les publicités qu'on trouve dans les journaux et magazines spécialisés).

Mais les publicités sont loin d'être le seul endroit où les titres ont de l'importance.

Le titre ne compte PAS SEULEMENT dans vos publicités.

Comme vous vous en doutez sûrement, le titre va être capital dans vos lettres de vente et vos pages de capture d'adresses email (les deux endroits auxquels ont pense souvent le plus).

Une mauvaise accroche dans votre page de vente? C'est tout le reste de votre argumentaire que vous perdez car il ne sera pas lu (et donc la vente vous filera entre les doigts).

Un titre qui ne capte pas l'attention immédiatement sur une page de capture? Vos visiteurs ne prendront certainement pas la peine de s'inscrire sur une page qui ne les intéressent pas dès la première ligne qu'ils lisent.

D'une manière générale, le titre est aussi important dans toutes les pages sur lesquelles vous souhaitez envoyer vos visiteurs (landing pages): page des catégories de votre blog, d'un article de blog particulier, d'un questionnaire, d'une lettre de vente ou une page de capture comme on vient de voir.

En effet, les titres de vos articles de blog ou de vos guest posts (les articles de blog qui paraissent sur un autre blog que le vôtre) sont également tout aussi importants à considérer (ils sont pourtant très souvent oubliés).

Enfin, tous les titres sur les cadeaux que vous donnez gratuitement en échange d'une inscription à votre mailing liste (par exemple un fichier PDF) doivent avoir un titre à couper le souffle afin de créer une curiosité irrésistible.

Vous voyez que les endroits où un titre compte sont très nombreux. D'une manière générale, retenez qu'un titre est important dans toute communication que vous envoyez sur Internet ou hors ligne, et où vous voulez que les gens effectuent une action particulière.

La Seule Chose Que Votre Titre Doit Faire

D'après-vous, quelle est la seule chose qu'un titre doit vendre?

Beaucoup répondront qu'un titre doit vendre le produit, et vous auriez raison.

Mais avant même de vendre le produit, un titre doit vendre le contenu, c'est-à-dire le fait que les gens continuent à lire la suite:

- Vendre le fait de lire la suite d'une publicité
- Vendre le fait le lire la suite d'une page de vente ou de capture
- Vendre le fait de lire la suite d'un article de blog
- Vendre le fait de lire la suite d'un email
- Etc.

Le seul but d'un titre est de faire les gens continuer à lire la suite.

Et un titre fait ça en parlant seulement d'une seule chose: de ce que les gens veulent. Pas de ce dont les gens ont besoin, mais de ce qu'ils veulent.

Les gens prennent leur décision d'achat presque uniquement sur l'émotion, et pas sur la raison logique. Et c'est exactement pour ça que votre titre doit parler uniquement de ce qu'ils veulent.

Cette notion est très importante, et c'est exactement le même principe que le duo caractéristiques/bénéfices qu'on retrouve sur les produits. Les caractéristiques stimulent les raisons logiques d'acheter et les bénéfices stimulent les raisons émotionnelles d'acheter.

C'est pour ça qu'on dit toujours qu'il faut vendre les bénéfices, pas les caractéristiques.

Une caractéristique est ce qu'un produit fait. Un bénéfice est ce qu'un produit fait pour moi en particulier.

Par exemple, toutes les voitures vont vous amener d'un point A vers un point B.
L'élément transport, c'est leur caractéristique.

Par contre, chaque voiture va le faire avec différents degrés de sécurité, de confort ou de style. Le bénéfice d'une voiture en particulier par rapport aux autres voitures qui existent est donc de vous faire vous sentir dans un état particulier.

Les bénéfices de votre voiture sont alors que les filles vont vous remarquer, que vous serez plus en sécurité que n'importe qui d'autre sur la route, que si votre dos vous fait souffrir vous n'aurez pas mal en conduisant cette voiture etc.

En résumé, la seule chose qu'un titre doit faire est de vendre le contenu, c'est-à-dire faire en sorte que les gens lisent la suite. Pour ça, votre titre doit parler de ce que les gens veulent, pas de ce dont ils ont besoin, car les gens effectuent leurs décisions d'achat en se basant sur leurs émotions, par sur leur raison logique.

Ceci termine ce premier module. Vous avez compris l'importance d'un titre et vous avez découvert tous les endroits où un titre compte dans votre marketing. Enfin, vous savez quel est le seul but d'un titre.

Il reste maintenant à voir grâce au module suivant les types de titres qui fonctionnent le mieux, un ensemble de techniques avancées pour rendre vos titres encore plus puissants, et à créer un fichier de capitalisation qui vous servira aussi longtemps que vous continuerez à écrire des titres dans vos activités marketing.

MODULE #2: LES HUITS MEILLEURS TYPES DE TITRES ET LES TECHNIQUES DES PROS

A la fin de ce module, vous allez pouvoir utiliser les huit meilleurs types de titres qui vont vous permettre de booster vos conversions et de clore des ventes.

Vous maîtriserez également la technique de l'empilage qui va vous permettre de supercharger vos titres en combinant les atouts de chaque catégorie. Cette technique vous permettra de décupler encore plus le pouvoir et l'impact de vos titres.

Puis vous connaîtrez les deux endroits où se trouvent les mots les plus importants dans un titre, et cette connaissance vous permettra de renforcer instantanément n'importe quel titre faible qui n'apporte pas de bons résultats actuellement.

Vous saurez également quelle taille de caractères et quelles sont les couleurs à utiliser pour que votre titre ait un maximum d'impact.

Vous aurez enfin mis en place un système de capitalisation de titres selon ces huit catégories qui va vous servir pendant les années à venir et même pendant toute votre carrière de copywriter.

Type #1: Le Type "Comment"

Le type "comment" ou en anglais "how to" est très répandu, notamment dans les meilleurs posts de blogs.

Par exemple:

- **Comment** faire X, ou comment réussir Y.
- **Comment** apprendre le piano sans connaître le solfège.
- **Comment** maîtriser Photoshop en moins de 20 minutes.

Le type "comment" fonctionne car il promet de montrer au lecteur comment faire quelque chose qui va leur permettre d'obtenir ce qu'ils veulent (ce qui est le but d'un titre, comme vu au module précédent).

Type #2: Le Type "Découvrez"

Le type "découvrez" fonctionne car les gens adorent avoir accès à des informations réservées à des initiés. Et le type "découvrez" vous permet de leur donner ces informations.

Par exemple:

- **Découvrez** cette technique ancestrale pour supprimer les rides.
- **Découvrez** les combinaisons qui permettent de gagner gros au black jack.
- **Découvrez** les 10 meilleurs endroits au monde pour faire du rafting.

Type #3: Le Type "Secret"

Voulez-vous savoir un secret? La plupart des gens le veulent! Et c'est la raison pour laquelle ce type de titre fonctionne particulièrement bien.

Par exemple:

- Voici le **secret** pour avoir une belle peau.
- Le **secret** de ceux qui ne sont jamais stressés.
- La méthode **secrète** pour diviser ses impôts légalement par deux.

Beaucoup de personnes ont pourtant une sorte de dilemme éthique à utiliser le type "secret", car pour eux l'information n'est pas vraiment classée "top secret" ou n'est pas placée sous enveloppe scellée.

Mais voici ce que vous devez savoir: beaucoup pensent que vous devez prendre vos propres décisions, et que si vous connaissez quelque chose que quelqu'un d'autre ignore, alors pour eux c'est quasiment comment avoir un secret.

Aussi, faites votre choix, mais sachez que ce type de titre, utilisé de manière éthique fonctionne formidablement bien.

Type #4: Le Type "Ressources"

Ce type fonctionne car les gens pensent que le bon outil va leur donner un avantage et leur permettre de faire la différence avec la concurrence.

Donc, s'ils voient quelqu'un dans leur thématique qui utilise tel bouton d'achat spécial, tel hébergeur Internet, tel autorépondeur ou tel système de split testing, alors ils sont automatiquement intéressés et se tournent aussi vers cet outil.

En effet, ils pensent que s'ils utilisent tel ou tel outil de la même façon que la personne qu'ils admirent, alors ça va les aider à avoir le même avantage (même si ce n'est pas forcément le cas).

Par exemple:

- La **ressource** qu'il vous manquait pour doubler vos ventes sur Internet.
- Les 5 **ressources** pour faire des split tests comme les marketeurs professionnels.
- Trois **ressources** peu connues pour apprendre à jouer de la guitare en moins d'une semaine.

Si le terme "ressource" ne convient pas toujours, vous pouvez bien entendu utiliser des synonymes tels que "outils" ou "sources". L'important est que les mots de substitution conservent l'idée générale du terme "ressource".

Type #5: Le Type "Pourquoi"

"Pourquoi" est un mot très important dans les titres, car la logique joue un grand rôle dans le processus d'achat.

Comme nous l'avons vu au module précédent, les gens prennent leurs décisions d'achat sur la base de l'émotion. Ils sortent leur carte bleue car ils ont une réponse émotionnelle à un message de vente.

Par contre, les gens défendent et justifient leur achat par la logique. Ils veulent pouvoir se dire à eux-mêmes (et aux autres plus tard) pourquoi il fallait qu'ils achètent ce produit à tout prix, notamment pour s'affranchir du sentiment bien connu de "remord après achat".

C'est donc tout l'intérêt et la puissance des titres du type "Pourquoi". Vous leur donnez ainsi les raisons qu'ils leur manquent pour justifier logiquement pourquoi ils ont besoin de ce produit, ou pourquoi ce produit va fonctionner pour eux.

Quand vous y pensez bien, nous faisons tous ça. On essaie de justifier un achat impulsif ou sous le coup de l'émotion par une raison logique, même si cette raison ne tient pas la route.

Le meilleur exemple est celui de cet homme qui a acheté une voiture flambant neuve à 27 000 euros sur l'émotion, sur un coup de coeur, et qui a ensuite essayé par tous les moyens de défendre et justifier son achat exhorbitant à sa femme:

"J'avais besoin de pneus neufs, donc j'ai directement acheté une nouvelle voiture."

La raison logique évoquée ici ne tient bien sûr pas la route quand on sait qu'un jeu de pneus neuf lui aurait coûté à peine 600 euros.

Mais quoi qu'il en soit, cet homme a essayé tant bien que mal de défendre son achat par la logique, et on fait tous ça.

Par exemple:

- Pourquoi vos visiteurs n'achètent pas vos produits.
- La raison pour laquelle les femmes préfèrent les hommes drôles.
- Pourquoi 95% des gens ne deviendront jamais riches.

Type #6: Le Type "Curiosité"

Il s'agit ici de jouer sur la curiosité dans votre titre pour déclencher une curiosité irrésistible.

Les gens adorent regarder par un trou de souris et veulent voir ce qui se cache derrière le rideau.

Type #7: Le Type "Pré-Qualification"

Ce type de titre consiste à pré-qualifier les gens en indiquant clairement dans votre titre le type de gens que vous ciblez.

Par exemple: les hommes de plus de 45 ans, les femmes avec deux enfants, les mères au foyer, les retraités vivant à Marseille, les passionnés de pêche etc.

Ce type de titre fonctionne car il crée des acheteurs bien plus forts car ça leur évoque des émotions plus puissantes par le fait que le titre résonne en eux. Ils se sentent beaucoup plus impliqués et ont l'impression que c'est taillé sur mesure, rien que pour eux.

Type #8: Le Type "Histoires"

Le type "Histoires" est un peu plus difficile à utiliser car un titre se doit d'être le plus court possible, et que le challenge ici consiste à raconter le début d'une histoire avec le titre.

Donc si vous débutez dans la création de titres, ce n'est pas forcément avec ce type de titre qu'il vous serait le plus simple de commencer.

Mais si vous arrivez à incorporer une histoire dans votre titre - juste le début d'une histoire -, alors vous verrez des résultats spectaculaires.

En effet, si vous pouvez aider le lecteur à devenir une partie de l'histoire ou à s'identifier à l'histoire, vous verrez que ce genre de titre est extrêmement puissant.

Par exemple:

Admettons que vous essayez depuis des années d'avoir des visiteurs sur votre site web, et que finalement vous avez trouvé le moyen d'en faire venir par milliers chaque jour.

Vous pouvez très bien écrire un titre qui raconte le début de votre histoire en disant par exemple:

"J'ai lutté pendant des années à générer du trafic jusqu'à ce que je trouve ceci."

Vous pouvez également vous inspirer d'un des exemples les plus connus de titre racontant une histoire. Ce titre date de 1926 et a fait un véritable ravage à l'époque.

Aujourd'hui encore, de nombreux marketeurs continuent à l'adapter et à obtenir des résultats bluffants.

Voici l'image du titre et de la publicité de l'époque:

Traduction:
"Il rigolaient quand je me suis assis au piano mais quand j'ai commencé à jouer!"

Ce titre a tellement bien fonctionné que c'est devenu un classique de l'industrie du copywriting qui appelle ça l'approche "ils rigolaient tous".

Voici comment aujourd'hui une personne faisant la promotion d'un jardin de tomates l'a adapté, obtenant toujours des résultats incroyables:

"Mes voisins rigolaient quand j'ai commandé, maintenant ils veulent tous un jardin de tomates comme le mien!"

La Technique De L'Empilage Pour Des Titres Encore Plus Puissants

Il se peut que vous n'ayez probablement jamais entendu parler de l'important concept d'empiler les titres.

Les huit meilleurs types de titres vus précédemment vont déjà vous donner d'excellents résultats, et l'idée ici est de rendre les titres encore plus puissants en combinant les atouts de plusieurs types de titres.

En d'autres termes, vous prenez une chose, vous lui en ajoutez une deuxième, puis une troisième, et ces trois choses ensemble deviennent extrêmement puissantes.

Voici un premier exemple:

Combinons ensemble les types "Découvrez", "Secret" et "Ressources". Voici le genre de titre hyper puissant que vous pouvez obtenir en combinant ces trois types:

"Découvrez la ressource secrète que les millionnaires utilisent pour éviter de payer des taxes."

On retrouve bien dans ce titre les termes "découvrez", "ressource" et "secrète" ensemble.

Voici un deuxième exemple:

Combinons ensemble les types "Comment", "Pre-qualification" et "Curiosité". Voici le genre de titre qu'on peut obtenir:

"Comment les hommes de Picardie guérissent la calvitie dans leur maison!"

Le type "Comment" est évident dans ce titre. Le type "Pre-qualification" s'exprime par les mots *"les hommes de Picardie"*, et le type "Curiosité" est véhiculé par les mots *"dans leur maison"*, par opposition à un endroit plus courant tel un hôpital où une transplantation de cheveux semble plus habituelle.

En effet, pouvoir guérir la calvitie de chez soi est une chose très puissante, et c'est de là que vient la curiosité. *"Guérir la calvitie"* est aussi en soi une curiosité, mais dans ce cas bien moins importante et scotchante que le fait que ce soit *"dans leur maison"*.

Une fois que vous maîtrisez la technique de l'empilage, vous pouvez vous amuser à empiler comme ça plusieurs types de titres (parmi ceux que vous avez inventés de toutes pièces, créés à partir de modèles que vous avez adaptés à votre thématique, ou encore des titres tels quels que vous avez lus sur un autre site ou dans un magazine etc.), et observer le genre de titre bizarre que vous obtenez.

Parfois, jouer avec plusieurs titres de cette façon est exactement la manière d'obtenir un titre gagnant extraordinaire.

On peut se rappeler cet exemple:

"Cette petite publicité stupide enfourne des billets de 20 dollars sur mon compte Paypal tout au long de la journée."

Ce fameux titre (traduit de l'anglais original: *"This dumb little ad stuffs $20 bills into my Paypal account all day long"*) qui a fait un vrai carton a été créé dans ce type d'environnement où vous empilez les choses les unes au dessus des autres.

Les Deux Endroits Les Plus Importants D'Un Titre

Si on prend le titre suivant, quels en sont d'après vous les mots les plus importants:

"Découvrez le secret des grands communicants pour facilement parler en public."

Alors, vous avez une idée?

Cette règle est une sorte de règle de la route pour les titres (également confirmée par le site Kissmetrics), alors retenez-là bien:

Les mots les plus importants d'un titre sont les trois premiers, et les trois derniers.

Si on met ces mots en gras, le titre précédent devient:

*"**Découvrez le secret** des grands communicants pour facilement **parler en public**."*

Ce sont en fait les mots qui vont dans votre subconscient au moment où vous commencez à lire ce titre, d'où le fait que ces mots sont des motivateurs beaucoup plus importants que les autres mots du titre.

Ainsi, dès que vous avez écrit un titre, analysez-le de cette façon: entourez les trois premiers et les trois derniers mots et voyez comment vous pouvez leur donner plus de force.

Améliorer les trois premiers et trois derniers mots est un des secrets pour rendre puissants des titres initialement faibles et avec peu d'impact.

La Meilleure Taille De Police Pour Les Titres De Vos Pages De Vente

Une taille de police de caractère trop petite sur votre page de vente ou page de capture, et votre titre puissant risque de ne pas ressortir suffisamment, voire d'être perdu avec les autres paragraphes.

En revanche, une taille de police trop grosse peut donner un aspect un peu brouillon si par exemple votre titre se présente sur quatre lignes avec deux ou trois mots par ligne. De plus, ça peut donner un style un peu "rentre dedans" qui risque de ne pas plaire à beaucoup de monde.

Alors, quelle est la bonne taille de police à adopter?

Une bonne taille de police pour vos titres sur Internet se situe en général à 60 pixels ou plus. Par exemple, 70 px sur un site utilisant Wordpress est une bonne taille de police et qui fonctionne bien.

N'hésitez pas à tester aussi plusieurs tailles, pour voir celle qui fonctionne le mieux pour vous.

Quelles Couleurs Marchent Le Mieux Pour Les Titres

Les deux couleurs fonctionnant le mieux pour les titres sont le rouge et le noir, avec des résultats légèrement meilleurs avec des titres en rouge.

Bien entendu, c'est à vous de tester d'autres couleurs qui fonctionneront peut-être mieux pour vous, selon les codes couleurs et la charte graphique de votre site.

Ce qu'il faut en général éviter, ce sont les titres avec des couleurs exotiques comme le violet, ou encore des titres avec des rayures de couleurs différentes ou avec des effets de flou ou de lueurs.

Ce genre de couleurs ou d'effets a en général plutôt tendance à distraire le lecteur. Or, ce que vous voulez c'est que la personne vienne sur votre site, soit captée par le contenu de votre titre pour qu'elle ait envie d'enchaîner sur la suite.

Créez Votre Fichier De Capitalisation De Titres Et Catégorisez-Les

Créez-vous un fichier, par exemple un fichier Excel, qui va vous servir à capitaliser tous les titres que vous créez et tous les titres que vous lisez et qui retiennent votre attention.

Commencez par créer des catégories, en commençant avec les huit types de titres vus au début de ce module. Ainsi, à chaque fois que vous avez un nouveau titre à mettre, vous le mettrez dans la catégorie correspondante.

Il est très important de catégoriser vos titres. En effet, vous allez certainement regrouper un millier de titres voire plus, et il sera beaucoup plus facile de les avoir classé par catégorie.

Ensuite, vous pourrez prioriser ces catégories selon celles que vous préférez utiliser personnellement. Vous pouvez bien entendu aussi créer vos propres catégories en plus des huit que vous avez ici pour étayer le fichier.

Dès que vous avez un nouveau titre, mettez-le dans ce fichier.

Par exemple, vous pouvez y mettre les titres qui retiennent votre attention dans les emails que vous recevez et qui vous font ouvrir l'email. Une bonne stratégie est de créer par exemple un compte Gmail uniquement pour ça, et de s'inscrire à la mailing liste des 20 ou 30 sites web de référence dans votre thématique. Ainsi, votre boîte mail sera une véritable machine de veille et ça vous simplifiera grandement la vie.

Mettez-y aussi tous les titres que vous voyez et qui retiennent votre attention dans les autres blogs, les autres pages de vente, les magazines etc.

Cela dit, faites attention avec ce fichier. Il ne s'agit en aucun cas de voler le travail des autres et de tout réutiliser mot pour mot. Le but est plutôt de prendre un titre de votre fichier et de vous en inspirer.

Ainsi avec ce fichier de capitalisation, vous aurez créé une ressource d'une valeur inestimable qui vous aidera pendant des années, et aussi longtemps que vous écrirez des titres dans vos activités marketing.

Dès que vous serez en manque d'inspiration, vous pourrez immédiatement vous reporter à ce fichier, regarder la catégorie que vous souhaitez et voir les titres qui ont fonctionné en fonction de vos thématiques et de vos produits.

Ceci sonne la fin du module 2. Vous connaissez désormais les huit meilleurs types de titres, la technique de l'empilage pour rendre vos titres encore plus puissants, les deux endroits les plus importants d'un titre, ce qui va vous permettre de rendre un titre faible beaucoup plus puissant en quelques secondes.

Vous connaissez aussi la meilleure taille de police et les meilleures couleurs à utiliser pour vos titres et enfin, vous avez créé un fichier de capitalisation qui va vous permettre de ne jamais être en manque d'inspiration pendant les années à venir.

Il reste à voir le module 3 qui va vous montrer la formule en cinq étapes pour écrire des titres puissants à la manière d'un copywriter d'élite en seulement quelques secondes. Enfin, vous verrez la méthode pour renforcer les titres faibles que vous avez actuellement et ne donnant pas de résultats, pour en faire des titres gagnants.

MODULE #3: LA FORMULE POUR ÉCRIRE DES TITRES PUISSANTS

A la fin de ce module, vous maîtriserez une formule d'écriture particulière en cinq étapes qui va vous permettre d'écrire un titre rapidement et aussi efficacement qu'un copywriter d'élite.

Vous verrez également une méthode dont très peu de gens parlent, qui va vous permettre de recycler tous vos titres faibles actuels et de les rendre beaucoup plus forts en quelques changements très faciles à effectuer.

En sachant ça, vous aurez entre les mains une véritable machine à fabriquer des titres puissants et gagnants du premier coup rapidement, et vous pourrez immédiatement augmenter la puissance de tous les titres que vous utilisez actuellement dans vos activités marketing, qu'il s'agisse de vos publicités, de votre blog, de vos emails ou encore de vos pages de vente et de capture.

Ceci résultera en une amélioration quasi instantanée de vos conversions dans vos différentes activités (ventes, opt-ins, taux de clics, engagement des lecteurs etc.). Vous pourrez même, si vous le souhaitez, vous positionner comme consultant pour améliorer les titres de personnes ayant du mal à faire décoller leurs activités sur Internet.

La Formule D'Ecriture De Titres Du Copywriter D'Elite

Comme nous l'avons vu précédemment, cette formule particulière va vous permettre d'écrire, par une procédure en cinq étapes, un titre rapidement et aussi efficacement qu'un copywriter professionnel reconnu.

Voici cette formule:

1- Commencez Avec Un Template De Titres

Il existe tellement de bons titres qui ont fait un carton par le passé et qui fonctionnent toujours à merveille aujourd'hui, alors pourquoi ne pas les utiliser et vouloir réinventer la roue?

Vous avez à votre disposition dans la section bonus de cette méthode pas moins de 101 templates de titres gagnants qui ont cartonné à un moment donné.

Il vous suffit de piocher le template qui vous plaît, et de remplir les blancs!

Par exemple, prenons le template N°4: "Le Moyen Le Plus Rapide De _____".

Si vous faites la promotion d'une boisson permettant de maigrir en un temps record, vous pouvez directement mettre:

"Le Moyen Le Plus Rapide De Perdre 4 Tailles De Pantalon."

Si votre produit est une formation pour gagner des abdominaux rapidement, vous pouvez écrire avec ce même template:

"Le Moyen Le Plus Rapide D'avoir Des Abdominaux En Acier".

Vous verrez qu'avec l'expérience, ces templates deviendront mécaniques et vous les ressortirez spontanément, à la volée avec une facilité déconcertante.

2- Utilisez La Règle Des "3 Mots"

Une fois votre titre écrit, analysez les trois premiers mots et les trois derniers mots de votre titre (rappelez-vous ce qui a été dit au module 3, ce sont les mots les plus importants de votre titre), et demandez-vous comment rendre ces mots encore plus puissants.

3- Utilisez Des Mots D'Action

Votre titre doit être vivant et pousser à agir en utilisant des mots d'action.

Le langage que vous utilisez pour ces mots d'action ne doit pas juste être bon ou un peu meilleur que fade. Au contraire vous devez utiliser le langage le plus puissant possible.

Attention, il ne s'agit surtout pas d'utiliser un langage hystérique et frénétique du type battage médiatique. Il s'agit seulement d'être le plus enthousiaste possible.

En effet, si vous ne croyez pas dans ce que vous faites ou dans le produit dont vous faites la promotion, faites autre chose. Les gens ne veulent pas juste quelque chose de bien, ils veulent ce qu'il y a de meilleur.

Utilisez ce type de langage qui leur montre que ce que vous faites ou que votre produit est ce qu'il y a de mieux, et surtout faites-le éthiquement.

Par exemple, ne dites jamais que votre produit permet de faire telle ou telle chose en 3 minutes s'il faut en réalité 3 jours.

Utilisez donc le langage le plus puissant que vous puissiez mais sans aucune sorte d'hystérie, de mensonge ou de battage médiatique.

4- Utilisez 55 caractères ou moins

Cette règle est la seule des cinq qui peut être optionnelle (toutes les autres doivent absolument être respectées pour avoir le titre qui vous apportera les meilleurs résultats possibles).

Cette règle est importante notamment si votre titre apparaît en tant que titre dans les recherches Google.

Google limite en effet les titres de ses pages de recherche à 55 caractères. Au delà, le titre n'apparaît plus en entier dans Google et il est coupé par trois petits points à la fin.

Même si ce n'est pas catastrophique, ça peut être gênant vu que ça risque de diminuer l'impact de votre titre et de cacher les trois derniers mots de votre titre qui, comme on l'a vu, font parti des mots les plus importants.

Donc si vous le pouvez, limitez à 55 caractères les titres que vous prévoyez de faire apparaître dans Google (en particulier pour vos posts de blog).

5- Faites une promesse ou une déclaration SPÉCIFIQUE

Il est capital que votre titre fasse une promesse ou une déclaration qui soit spécifique, et surtout pas générale.

Par exemple:

"Donnez-moi 18 minutes et je vous apprendrais à jouer de la guitare comme Jimi Hendrix."

En opposition avec un titre général du style:

"Suivez cette formation et vous apprendrez à bien jouer de la guitare."

Vous voyez la différence radicale?

Le premier titre est bien plus puissant que le deuxième en étant plus spécifique. Dans ce cas, ce sont les "18 minutes" et "Jimi Hendrix" qui sont très spécifiques.

La Méthode Pour Rendre Puissants Vos Titres Faibles
Actuels

Très peu de gens parlent de cette méthode, et elle va pourtant vous permettre de transformer des titres qui obtiennent peu ou pas de résultats en titres gagnants et puissants.

La clé ici est de résoudre trois erreurs. En effet, la quasi totalité des titres faibles tombent dans l'une de ces trois catégories d'erreurs:

1- Le titre est trop long

Votre titre doit toujours essayer de véhiculer son message avec le moins de mots possibles.

En effet, les titres longs tendent à ne pas être lus. C'est pourquoi les trois premiers et trois derniers mots sont si importants, et ils le sont encore plus si votre titre est trop long.

Aussi, essayez de raccourcir votre titre pour le rendre plus puissant.

2- Le titre est trop général

Vous devez à tout prix éviter ça, comme nous avons pu voir juste avant dans la formule d'écriture de titres.

Vous n'allez probablement pas bien vendre un produit qui bénéficierait à toutes les femmes du monde car il y a beaucoup de femmes dans le monde.

Donc si vous réduisez votre cible à un groupe de femmes d'une certaine tranche d'âge ou d'un certain lieu géographique, vous aurez très certainement beaucoup plus de traction par votre titre.

Par exemple si vous faites une publicité sur Facebook et que vous essayez de cibler les femmes qui font de la course à pied dans les Alpes, vous n'allez surtout pas mettre un titre comme:

"Toutes les femmes du monde vont tirer profit de ce produit."

Fuyez donc au maximum le général, et soyez le plus spécifique possible.

3- Le titre révèle trop de détails

Ce qui est probablement l'erreur numéro un dans les titres qui ne marchent pas est qu'ils ne créent et n'aiguisent pas la curiosité.

La curiosité est l'ingrédient numéro un car rappelez-vous, la mission d'un titre ne consiste qu'en une seule chose: faire lire la suite (que ce soit la suite d'une publicité, d'un article, d'une lettre de vente etc.).

C'est la curiosité qui nous fait cliquer, lire, et acheter.

Assurez-vous donc que votre titre aiguise la curiosité des lecteurs.

Ceci termine ce troisième et dernier module. Vous savez maintenant la formule exacte en cinq étapes pour écrire un titre en seulement quelques secondes aussi efficacement (et peut-être mieux) qu'un copywriter professionnel.

N'hésitez pas à mettre les templates de titres qui vous sont donnés dans la section bonus à l'intérieur de votre fichier de capitalisation créé lors du module 2, et à marquer les templates de titre que vous aimez le plus. Prenez quelques-uns des templates de titres que vous préférez et appliquez-les aux produits dont vous faites actuellement la promotion, en utilisant la formule en cinq étapes vue au début de ce module. Noubliez pas non plus de faire la même chose avec les titres de vos posts de blog.

Vous avez également vu dans ce module comment rendre beaucoup plus puissants des titres faibles que vous avez peut-être déjà créées mais qui ne vous donnent que peu ou pas de résultats.

Il reste à faire un bilan de vos nouvelles compétences dans la conclusion en page suivante.

CONCLUSION

Au travers de cette formation, vous avez dans un premier temps pu comprendre pourquoi il est si important d'avoir des titres puissants dans votre marketing. Vous avez vu tous les endroits où les titres comptent, et vous savez maintenant la seule chose qu'un titre doit faire.

Vous maîtrisez aussi les huit types de titres qui donnent les meilleurs résultats et convertissent le mieux, ainsi qu'un ensemble de techniques utilisées par les professionnels du copywriting pour faire la différence.

Notamment, vous connaissez la technique peu connue de l'empilage pour rendre votre titre encore plus puissant, les deux endroits les plus importants dans un titre, les bonnes tailles de police ou les couleurs qui fonctionnent le mieux dans un titre.

Vous avez également créé un fichier de capitalisation qui va s'étayer au fil du temps et qui deviendra un véritable trésor de guerre au fil des années. Dès que vous serez en manque d'inspiration, vous pourrez vous y référer et utiliser instantanément un modèle de titre ayant donné des résultats brillants, selon vos préférences.

Vous avez aussi appris à créer des titres en quelques secondes selon une formule particulière en cinq étapes qui vous donnera des résultats qui vous blufferont certainement, et qui rivalisent avec ceux qu'obtiennent les meilleurs copywriters.

Enfin, vous savez comment rattraper un titre qui ne fonctionne pas et le transformer en titre puissant en un claquement de doigts.

Vous possédez normalement désormais, en 47 minutes ou moins selon le temps qu'il vous a fallu pour absorber ces informations, les mêmes compétences en termes d'écriture de titres que les meilleurs copywriters professionnels.

Vous verrez qu'à terme, vos résultats et taux de conversion n'auront plus rien à voir, que ce soit en nombre de ventes, en nombre d'inscriptions à votre mailing liste, en clics sur vos publicités ou encore en termes d'engagement de vos lecteurs qui resteront beaucoup plus longtemps sur vos articles.

N'oubliez pas de mesurer régulièrement les résultats des titres que vous écrivez et surtout, pratiquez l'écriture de titres qui au final est quelque chose de fun et ludique à faire.

Il ne me reste plus qu'à vous souhaiter tous mes voeux de succès et de vous dire à bientôt, j'espère, dans une nouvelle formation.

BONUS: LES 101 MEILLEURS TEMPLATES DE TITRES PROUVÉS

Ces templates sont faciles à utiliser. Pour la plupart d'entre eux, insérez juste le bénéfice principal de votre produit dans les zones vides, et votre titre est prêt!

Vous trouverez des exemples pour les quatre premiers templates, pour vous montrer de quoi ça a l'air.

1- Pour _____, Ça Marche Du Tonnerre.

Pour perdre du poids, ça marche du tonnerre.
Pour générer du trafic, ça marche du tonnerre.

2- Pourquoi Votre _____ Ne _____.

Pourquoi votre régime ne vous fera pas maigrir.
Pourquoi votre travail ne vous rendra pas plus riche.

3- La Plus Grosse Erreur Que _____ Font.

La plus grosse erreur que les débutants en affiliation font.
La plus grosse erreur que les marathoniens amateurs font.

4- Le Moyen Le Plus Rapide De _____.

Le moyen le plus rapide de perdre 11 kilos.
Le moyen le plus rapide de rencontrer votre âme soeur.

5- Obtenez Une Réponse A Vos Questions Sur _____.

6- Quelque Chose Que Chaque _____ Doit Savoir.

7- Quelque Chose Que Chaque _____ Doit Ignorer.

8- Voici Un Raccourci Pour _____.

9- Voici Votre Liste De Vérification Pour _____.

10- Une Ressource Géniale Pour _____ Que Je Viens De Trouver.

11- Ceci Ruine La Plupart _____.

12- Découvrez Le Secret Le Mieux Gardé Pour _____.

13- Des Milliers Essaieront _____. Seulement Ceux Qui Savent Ce Secret Réussiront. Serez-Vous L'Un D'entre Eux?

15- Le Guide Ultime Pour _____.

16- Pourquoi Tant De Gens Quittent _____ Au Profit De _____ - Et Pourquoi Vous Devriez Aussi.

17- La Raison #1 Pour Laquelle _____ Echouent.

18- Voici Ce Que Vous Ne Savez Pas Sur _____.

19- Que Pensez-Vous De _____? Voici Mon Avis...

20- Mon Système En _____ Etapes Pour _____.

21- Êtes-Vous Fatigué De _____? Alors Vous Adorerez Ça.

22- Êtes-Vous Fait Pour Réussir _____? Faites Ce Test Pour Le Savoir.

23- La Plus Grosse Erreur Je N'Ai Jamais Faite _____.

24- Obtenez Mes Meilleurs Secrets _____ Gratuitement.

25- FAQ _____: Réponse A Vos # Questions Majeures.

26- Vous Pouvez _____ Même Si _____!

27- Comment _____ En Seulement _____!

28- Comment Un(e) _____ Rapidement Et Facilement _____!

29- Ce Que _____ Doit Savoir A Ce Sujet!

30- Voulez-Vous _____?

31- Vous, Un(e)_____?

32- Voici Comment Rapidement Et Facilement _____!

33- Qui D'Autre Veut _____?

34- Ce Que Votre _____ Ne Veut Pas Que Vous Sachiez A Propos De _____!

35- Pour Ceux Qui Veulent _____ Mais N'Arrivent Pas A Démarrer!

36- Enfin! Vous Pouvez Vous Débarrasser De _____ Pour Toujours!

37- _____ Votre Voie Pour _____!

38- Désormais Vous Pouvez Découvrir Comment _____ Comme _____!

39- Comment J'Ai _____ - Et Comment Vous Le Pouvez Aussi!

40- Maintenant Vous Pouvez _____!

41- Arrêtez _____ Et Commencez _____!

42- Êtes-Vous Fatigué De _____? Voulez-Vous _____? Alors Continuez A Lire Pour Découvrir Comment _____, _____ Et _____ En Seulement _____!

43- Voici Le Moyen Le Plus Facile Pour Transformer Votre _____ En _____.

44- Vous Êtes Sur Le Point De Découvrir Comment _____. Pas De _____. Pas De _____. You N'Avez Même Pas Besoin De _____. Seulement _____ Et/Pour _____!

45- Vous Êtes _____. Vous Êtes _____. Vous Êtes _____. Enfin, Voici Un Moyen Simple Pour _____.

46- Imaginez Ceci: Vous _____. Ne _____?

47- Comment Un(e) _____ Sans _____, Sans _____ Et Sans _____ A Découvert Les Secrets De _____.

48- Beaucoup _____ Essaieront _____. La Plupart Echoueront. Mais Ceux Qui Réussiront Auront/Seront/Deviendront/Obtiendront etc _____ Car Ils Connaissent Ce Secret Incroyable Sur _____!

49- Si Vous Voulez Savoir Les Secrets De _____ Qui Peuvent Vous Rendre _____, Alors Ecoutez! Si Vous Êtes L'Une Des _____ Prochaines Personnes A Agir Tout De Suite, Vous Obtiendrez _____ Valant _____ Pour Une MINUSCULE Fraction Du Prix!

50- Qui D'Autre Veut _____ En Seulement _____?

51- Qui D'Autre Veut _____ Et _____?

52- _____ Etapes/Trucs/Astuces Pour _____!

53- Pour Les Femmes/Hommes Qui Veulent _____ - Mais N'arriventPas A Démarrer!

54- Voici Un Moyen Rapide Pour _____.

55- Ce Que Chacun Devrait Savoir...A Propos De _____.

56- Ebook Gratuit.... Vous Donne _____ Etapes/Trucs Pour _____.

57- _____ En Aussi Peu De Temps Que _____ Avec Ces _____ Etapes/Trucs.

58- _____ Etapes/Trucs Pour _____ (Et _____).

59- _____ Etapes/Trucs Pour _____ En Seulement _____.

60- Vous Pouvez Rire Des Soucis De _____ - Si Vous Suivez Ce Simple Plan

61- Il Semble Incroyable Que Vous Puissiez _____ Et _____.

62- Il Semble Incroyable Que Vous Puissiez _____ En Seulement _____.

63- Comment J'Ai _____ En Moins De _____.

64- Combien De Fois Vous Entendez-Vous Dire: "J'aimerai Savoir Comment _____"?

65- La Vérité Sur Comment _____.

66- Comment _____ Aujourd'hui En Partant De Rien.

67- Osez _____.

68- Ce Qu'ils Ne Vous Disent Pas Sur/A Propos De _____.

69- _____ Etapes/Méthodes/Ressources Légales Pour _____ En _____.

70- Besoin De _____?

71- Voulez-Vous Suivre _____ Etapes/Trucs Pour _____?

72- C'est Une Honte Pour Vous De Ne Pas _____ - Quand Ces Personnes Le Font Si Facilement.

73- Voici Un Moyen Rapide De _____ En Moins De
_____.

74- _____. Ce N'est Pas Par Accident. En _____, Je Peux
Vous Montrer Comment _____.

75- _____ Etapes/Trucs Pour Empêcher Vos Peurs De
VOUS Retenir - _____ Maintenant/En _____!

76- Aimeriez-Vous _____?

77- Regardez A L'Intérieur Pour Découvrir Comment
_____.

78- Voici _____ Etapes/Trucs Pour _____.

79- Oui VOUS Aussi Pouvez Apprendre Comment _____
Avec Facilité!

80- Oui, Ces _____ Etapes/Trucs Vous Aideront A
Apprendre Comment _____ Avec Facilité!

81- Oui, Ces _____ Etapes/Trucs M'Ont Aidé _____ Et Ils
Marcheront Pour VOUS Aussi.

82- Trucs, Outils Et Tactiques Prouvés Pour _____.

83- Le Guide Complet Pour _____.

84- Le Guide Complet En _____ Etapes/Trucs Pour
_____.

85- Le Moyen Simple Et Rapide Pour _____ (En
Seulement _____).

86- Imaginez.... Vous Pouvez _____ En Seulement
_____.

87- Vous Méritez De _____!

88- N'attendez Pas Un Autre Moment! _____
Maintenant!

89- Comment _____ Vite Et _____.

90- _____ Etapes/Trucs Pour _____ En _____ Et
_____.

91- Vous Voulez _____? Voici Comment _____ En
_____ Maintenant!

92- Rapport GRATUIT Révèle 5 Secrets Pour _____ En
_____ Maintenant!

93- Qui D'Autre Veut _____ En _____ Et _____?

94- C'est Vrai: Vous Pouvez Vraiment _____ En _____ Et
Voici Comment...

95- Livre Gratuit Qui Vous Donne _____ Etapes/Trucs
Pour _____ En _____.

96- Moyens Moraux, Ethiques Et Légaux Pour _____ En
_____.

97- Le Moyen Le Plus Rapide Que Je Connaisse Pour
_____ En _____ Et _____.

98- Dans Un(e) _____ Un Moyen FUN Pour/De _____ En _____.

99- Le Secret De _____ - Utilisant Seulement _____.

100- Si Vous Voulez _____ En _____ Et Avez Presque Abandonné... Voici De L'Espoir!

101- _____ Moyens Faciles Et Rapides De _____.

A PROPOS DE L'AUTEUR

Rémy Roulier est un ancien ingénieur informatique et responsable marketing dans une multi-nationale. Il est aujourd'hui digital nomad et voyage partout dans le monde, et a acquis depuis plus de dix ans une véritable expertise dans le marketing internet et le développement personnel.

Il partage aujourd'hui ses outils et son expérience pour permettre aux autres d'atteindre également leur indépendance financière et de façonner leur vie telle qu'ils la désirent vraiment.

CRÉATIONS DU MÊME AUTEUR

Retrouvez mes nombreuses créations directement sur Amazon.

En voici aussi quelques-unes qui peuvent vous servir :

DEVENIR RICHE EN 42 JOURS:
LA METHODE PAS-A-PAS POUR.GAGNER DE L'ARGENT SUR INTERNET ET VIVRE SES REVES EN PARTANT DE RIEN.
Une méthode prouvée qui vous guide pas-à-pas et vous permet d'atteindre votre indépendance financière en 42 jours grâce à Internet, même si vous démarrez actuellement de rien. Un must à ne pas manquer.

ECRIRE UN EBOOK IRRESISTIBLE EN UN WEEK-END:
LA NOUVELLE METHODE POUR ECRIRE UN LIVRE QUE LES LECTEURS ADORENT, PRET A VENDRE LUNDI MATIN.
Laissez-vous guider par une procédure simple et d'une efficacité redoutable pour créer en seulement un week-end un ebook que les gens vont s'arracher, même si vous n'êtes pas expert dans un domaine.

CREER UN SITE WEB LUCRATIF EN 4 SEMAINES:
LA FAÇON LA PLUS RAPIDE DE CRÉER UN BLOG OU SITE INTERNET RENTABLE
EN PARTANT DE ZÉRO.

Découvrez la façon la plus rapide et simple de créer un site ou blog qui vous rapporte entre 5000 et 10000 euros par mois en partant de rien.

Une méthode pas-à-pas qui vous guide en 5 modules vers votre indépendance financière, en évitant toutes les erreurs des débutants.

LE MIND MAPPING FACILE:
MEILLEURE MEMOIRE, PRISE DE NOTE RAPIDE, BRAINSTORMING,
GESTION DE PROJET SANS EFFORT AVEC LES MIND MAPS.

Le Mind Map (ou carte heuristique) va révolutionner votre vie et votre mémoire en termes gain de temps, d'organisation et d'efficacité par un système puissant et redoutable de prise de notes et d'organisation de l'information autour de diagrammes basés sur la manière naturelle dont fonctionne votre cerveau. Un outil à posséder absolument.

www.ingramcontent.com/pod-product-compliance
Lightning Source LLC
Chambersburg PA
CBHW061221180526
45170CB00003B/1102